AF607040
AVERSO

SANTUARIOS

Tente Garrido

Número 43 de la Colección **PERVERSA**

Santuarios

Edición al cuidado de Averso Poesía
www.aversopoesia.com

Primera edición: enero de 2025
ISBN: 978-84-10027-50-3
Depósito Legal: GR 88-2025

Impreso en España - *Printed in Spain*

El papel utilizado para la impresión de este libro está calificado como papel ecológico y procede de bosques gestionados de manera sostenible.

SANTUARIOS

Tente Garrido

«¿Cómo es que las reliquias nos ponen tan cachondos?
¿No tenemos la fe suficiente en las palabras?».

JULIAN BARNES

«… el mundo en llamas eso es lo mejor
para mí».

CHARLES BUKOWSKI

Para Cristina, empapados en la boca del infierno.

PRÓLOGO

Es algo extraño, o cuanto menos insólito, el hecho de que Tente Garrido solicite a alguien como yo, que no lee poesía, que le escriba un prólogo para este libro. Que conste que no me enorgullezco de no leer poesía, al contrario, me encantaría ser un ávido devorador de versos como lo soy de novelas gráficas o todo tipo de narrativa, pero, por algún motivo, la poesía y yo no somos compatibles.

Precisamente el primer poemario completo que leí en mi vida fue *Glory hole*; primera publicación de Tente, que en su día me regaló, y la verdad es que me sorprendió para bien. Me encontré con algo completamente distinto a lo que yo pensaba que sería una obra poética al uso: un lenguaje directo, duro y sucio, más cercano a las canciones de Lou Reed o Iggy Pop que a las rimas de Pablo Neruda o Luis Cernuda. Sí, evidentemente, soy un tipo con ciertos prejuicios poéticos, qué le vamos a hacer.

Al leer los versos de *Santuarios* me daban ganas de agarrar la guitarra y ponerles música, porque no puedo evitar encontrar en estos poemas grandes temas de *rock*, y así se lo hice saber. La música está presente no solo en algunas de sus citas, fluye en ritmo y cadencia y en un lenguaje que los dos manejamos muy bien desde la frustración y el anhelo. Los poemas de *Santuarios* son modernos e irreverentes, algo escatológicos; y en ellos, a pesar de que Tente reside en un pueblo de sierra rodeado de naturaleza, hay un bagaje vital previo, un ir y venir intenso que hace que en sus páginas un servidor respire asfalto, urgencia, grandes edificios metálicos y esa suciedad cotidiana que inunda las grandes ciudades tanto de manera física como metafórica.

Yo tampoco soy «el tipo de hombre que usa sombrero» y tampoco era el tipo de hombre que lee poesía hasta que conocí a Tente Garrido.

Fermín Solís
Novelista gráfico

EXVOTO

Sinforofilia

Pies
mis pies
tus pies fríos
buscando
los míos
en el fondo de la cama
donde los calcetines perdidos
se blindan
y esperan órdenes
sucintas para atacar.

SANTUARIOS…

… AL BORDE DEL CAMINO

Belfie

Paneles gigantes
a ambos lados de la
carretera
ofrecen espacio libre
para anunciarse
¿qué puedo yo vender?

Contrails

Odio a los niños que ponen
monedas en la vía
y tras pasar el tren
buscan ansiosos y emocionados
el tesoro desfigurado.

Odio a la gente,
la gente
que se sienta en el metro a mi lado.
La gente joven —hermosos,
tan bellos todos,
tan huecos—
llenándose poco a poco
de nada. De todo.
Odio a los despreocupados,
a los insurgentes y a los disciplinados,
a la mujer que palpa la fruta,
al tipo que comprueba
la presión de las ruedas,
al viejo que quiere que llueva
—nunca le viene bien que llueva—,
a los que concilian,
a los que colocan biblias
en los cajones.
Los dildos y las máscaras.

Odio las bisagras, las llaves y las cerraduras,
a los que diferencian entre piel y cáscara.
Odio sanar y sangrar,

cagar y mear,
tirar del hilo y de la manta.
Odio crecer, vivir, envejecer.
Sorber y soplar,
escupir, carraspear,
ensuciarme las manos,
la cara.

Odio tanto con tanto empeño…
Pero le pongo pocas ganas.

Delación

«… elijo la nada.
No es mejor,
pero el dolor es un compromiso».

MICHEL POICCARD. *Al final de la escapada*

Vas errando pasos,
declive bacterial.
Trapecio rectángulo
cargando el fusil
en la ruta nucal superior.

En la protuberancia occipital externa
cicatrices ininteligibles,
canícula en bandolera.
Isósceles esos celos escalenos.

Vuelves derrotada;
no estuviste en la batalla.

Alivio de luto

Alguien se olvida de mi nombre
en algún lugar.
Recito versos nuevos,
baladas suicidas.
Me pongo ropa negra
para disimular
la barriga.
Entierro la cabeza en las manos
y entre los dedos separados
percibo (augur que rectifica
su zona de observación)
cómo todos me miran.
Piensan que me pasa algo grave,
recitan plegarias en mi honor.
Cruzo las piernas.
Aprieto los muslos marcando el espacio ritual.
Definido y liberado
pongo el culo duro para rezar.
Me llama la atención
una mujer desconocida
al salir del portal.
Disimulo, miento,
sonrío y asiento,
me resulta familiar
pero no la recuerdo.
Alguien se olvida de mi nombre.
Alguien está mintiendo.

Apostasía

«Yo nací un día que Dios estuvo enfermo,
grave».

César Vallejo

Hoy perdí mi estrella,
me distancié de los demás,
di de comer entre paréntesis.
Sigo a la deriva.

No dirijo el porvenir
de mis días,
no tengo opinión formada
sobre nada hasta que
escupo palabras
y retumban en mí desde fuera.
Pierdo otra guerra
entretenido en hacer
confortable la trinchera.

No corrijo el rumbo
de mis días,
no soy quién,
no me corresponde tal empresa,
yo solo camino tras la zanahoria,
quiero pensar que está tierna.
No me interesa
quién la cultive.

Hoy perdí la estela
de colores que, al caminar,
adornaba este metro cúbico
que tengo por vida.

No elijo el tono
de mis días.
Graves, agudos,
en blanco y negro.
No sé colorear sin salirme,
no entiendo de bordes,
márgenes, términos ni fronteras.
Si alguna vez me seco las faltas
mancillo al tiempo la toalla.

No finjo ser dueño
de mis días.
Soy una silla volcada,
medio enterrada
en la terraza varada
en diciembre,
en primera línea de playa,
cubierta de algas
mefíticas, ásperas.

Hoy no es hoy, sino un mañana confuso.
Confuso, pero no confundido.

No exijo recompensa
por mis días,
días vividos

entre ruido y silencio,
días ganados cayendo,
asfixiados en las burbujas
de la tapa de un libro
mal forrado,
aún intonso y ya perdido
—prestado—.

Hoy no soy más que carne caducada.
Caducada a un paso del olvido.

Solsticio

Gatos maullando
en la alacena gatos famélicos
que se abastecen
con los despojos de mi tristeza
gatos sin cuerpo que me sacuden
con la inconstancia de las mareas
(noche de lobos
sin luna llena perros ladrando
desde mi esperma)
salpica espuma
astillo el timón que no endereza
—estigma infectado—
gatos sin lengua cazando
sapos.

Extra bonus

Fotos.
Fotos en blanco y negro.
Me encantan tus manos.
Mis manos entre las rosas.
Necesito luz, mucha luz
por las mañanas.
Necesito dinero.
Un piso. Un trabajo.
¡Mierda de dinero!
Dos pisos.
Vivir del alquiler.
Una gran terraza soleada
en vez de estos días en blanco y negro.
Escribir a cualquier hora.
Una maravillosa máquina de *pinball* en el salón
—un sobremusculado guerrero,
con taparrabos de piel,
acompañado de una amazona semidesnuda,
entre escasas pieles,
a lomos de una pantera—.
Bonus y más bonus,
partidas y partidas extra.
Playas llenas de piedras.
Olas pequeñas.
Tardes de invierno.
Puestas de sol sobre el mar.
Lisboa.
Más de cincuenta gaviotas huyendo de un solo perro.
Más de cincuenta... ¡estúpidas gaviotas!

Poder escribir a cualquier hora.
Que entre y salga el dinero.
No quiero verlo pero que entre y salga.
Poemas y canciones.
Giras de verano.
Tener siempre algo que escribir.
Que vuelvan las rosas.
Revelar —siempre—
todas las fotos en blanco y negro.

Venta a pérdidas

A mi hermana, fruto climatérico

Sombras de milanos
sobre la carretera comarcal
—límite de velocidad—
circulamos pisando la línea continua.
Ya no hay girasoles
mirando al cielo,
ya no se planta tabaco,
no cuelgan de las cañas
vampiros amortajados
en sus alas de murciélago marrón
esperando la huida del sol
en los secaderos
—templos abandonados—
que pasan de largo a ambos lados
de las ventanillas abiertas.
Se escurre la luz de la tarde,
mirando al suelo,
retenida en el agua alborotada
que en su corriente
arrastra las hojas.
Rebosa la canal.
Las acequias lavan el barro
de tus botas de goma.
Tus pies
amollecidos entre los galápagos.
Bastardos que friegan, friccionan tobillos.
Siempre queremos regresar

al lugar del que partimos —gritas—
sin tener en cuenta que al volver
ya no somos, solo fuimos.

After-hours

—No hay mucho en que pensar
cuando se encienden todas las luces—.

Sentado en el retrete
con la frente apoyada en las rodillas
siento un navajazo en la sien.
Parpadean los alógenos.
Baldosas heladas bajo mis principios descalzos.

Nebulosa pixelada
en los estores de mis ojos.

Calcetines desparejados
escurriendo en la bañera.
Enjuague bucal y diazepam.

En la calle el sol espera para caer como una losa
sobre nuestras luminosas incertidumbres.
La gente por la calle sigue con su vida.
Suben, bajan, compran el pan, echan la quiniela…
ajenos a esta noche
que llevo a cuestas.
Bajo todas las persianas,
pongo la tele bien alta,
me arropo en el sofá con una manta.
Abro una cerveza,
enciendo un cigarro,
me bajo los pantalones y busco

porno en internet.
Se ha acabado el papel.
Las musas me han abandonado.

Tendré suerte si consigo dormir un rato.

SANTUARIOS…

… DE JARDÍN

Planeta enano

Como Plutón
—en el sistema solar de tus preferencias—
a quien siempre citas por inercia
y pides disculpas
con condescendencia
por no dejarlo fuera.

Conversión

Yo también me escondo
entre la gente,
empaño el cristal transparente del mostrador
que separa mi voz
de un receptor impertinente.
Yo también he decidido
ser culpable sin remordimiento,
consecuente con mis delitos,
aceptar y relativizar
mis pequeños fascismos
de cada día.
Poco tenaz, poco elocuente.
Yo también cuento monedas,
barro pelusas debajo del sofá,
piso con las suelas sucias.
Me olvido de reponer el papel higiénico,
niego obviedades y me rasco
entre los dedos de los pies.
Yo también lloro cuando me acuesto
—a veces no estoy solo—
y me como los mocos cuando
nadie me ve.

Verano del amor

Escuece la herida abierta,
infectada bajo la sal derramada.

Agosto gesticula desde la ventana
sonriente, orondo, en chándal.
Sol de lima que estalla en la esterilla.
Se deshacen las chanclas sobre el asfalto caliente.
—Maldigo—.
Goma derretida.

Otro vaso explota contra el suelo de la cocina,
otro descuido insignificante que corta, hace sangre
y descuadra la vajilla.

Marcas marrones de brasas de cigarros
coronan la porcelana del lavabo.
Marcas que no salen
por más que frotes con el dedo chupado.

Injerto un mediodía en los plantones de tu pelo,
pelo enredado en el pendiente
que pende con gracia de tu oreja,
Pelo furtivo que se libera de la madeja
de un moño flojo edificado a toda prisa.
Brotan de tu tronco pipas de sandía.
Canela molida.
Bolas de pimienta mordidas
escupidas en un plato de plástico

con un Spiderman boca abajo
difuminado.
Agosto se sienta
sobre el reposabrazos del sofá.
Se quita los zapatos. Juguetea con el mando.
Zapping de siesta, modorra de informativos.
El hombre del tiempo nos da un respiro.
Me sale otra cana. Se acerca una borrasca.
Mientras, meso a dos dedos, índice y pulgar,
el labio leporino de un ronquido
indefinido.

Agosto se refunde en el aleteo de un insecto preso
en la superficie de la piscina.

Despides la tarde lamiendo con hosca lengua de felino
las aristas inferidas de la cara desolada de una moneda.
Cruz que tu sombra acarrea.

Ha llegado la hora de dejar que se agrande
la distancia entre el alambre y el hito,
cercado que separa tu carne y mis sentidos.
Creo estar preparado
para hacerme a un lado y ver cómo caminas
adentrándote en la canícula
que hace un corte de vulva.

Agosto se angosta, se agota, se ahoga.

Chirrían tus muelas mientras la válvula
borbotea.

Sajaduras limpias donde asoman
peces de colores,
salen pompas que suben y suben,
flotan y flotan hasta llegar al techo
donde explotan.
Me salpican
—agosto expira—.
Peces de colores nadan y nadan y nadan y nadan…

Anestesia local

Eres.

Acordándote de mí a cada momento,
sintiendo aún el peso
de mi cuerpo
en el maltratado somier de muelles
de tu pecho.
Tropezando al final de ti mismo.
Soy.

Fixing a hole

Vuela un colibrí alrededor de la cabeza
y desata un ciclón
que se lleva andamios
voladizos.

Espasmo celular.
Estertores clamorosos
que ornamentan el vacío
desde el germen disforme
de la impaciencia.

Eclosiona la quimera
de ojos sobre ojos
subrayados por una mascarilla
FFP2 blanca
ajustada al vibrato de una sonrisa.

Poco segura la estructura de hueso
no puede sostener
el autómata fantoche
que acumula coimas
en el mueble de la entrada.

Todo lo gasta en narcóticos
desafiando
el aberrante deleite prodigio
sito entre los vestigios
del gozo al que ya no aspira
sin aspirar.

Bípedo crápula
que vigila la puerta de atrás.

Cada noche garrafas de agua
turbia del Leteo,
cada mañana renacer
con el brillo infame del no saber.
—Anclas corrompidas bajo el mar—.
Feliz en su acceso de no recordar.

Deseaba ser un archivo
enviado a la papelera,
definitivamente eliminado,
y no ha pasado de la bandeja
de correo no deseado.

¿A quién le toca?

Sana, sana, culito de rana,
sopla y a la boca,
frota contra el pantalón
a la altura del húmero
las manos tiznadas.
Deja una luz pequeña en el cuarto,
cabeza tapada, manta coraza.
Me toca, te la ligas,
yo madre, te libras.
Prímer, segun,
terce, ulti.
Piedras, palos, pañuelo.
Bote botero.
Habla cartucho que no te escucho,
rebota, rebota
en tu culo explota
—¿mi culo de rana? —.
Sopla y a la boca.
Lo que no se cure hoy
se curará mañana.
¡Mentira!
Tú tiras.

Ecofriendly green washing

«Hay que ser absolutamente moderno. Nada de cánticos:
aferrarse a los avances logrados».

Arthur Rimbaud

Los papás disfrutamos
de nuestra barbacoa vegana,
bebemos vino ecológico
y cerveza artesana.
Hablamos de homeopatía
y cooperación.
Untamos hummus
en rebanadas de pan
hecho con masa madre.

Las mamás prolactancia
portan bebés en mochilas
ergonómicas
como si fueran
un complemento más,
brindan por Waldorf y Montessori,
hablan de huertos en el patio
y de puericias felices y plenas
sin vacunar.
En el edén no acaba la fiesta.

En el interior de la casa nuestros niños disfrutan
de un elaborado macropedido a domicilio.
What a Happy Meal!
Beben Coca-Cola Zero

sin cafeína
mientras juegan a la Play.
McSobras al cubo de lo orgánico.

En el garaje cubiertos y vasos,
pajitas y platos.
El contenedor amarillo desbordado.

Generamos basura a conciencia
en nuestro adosado unifamiliar,
pero la responsabilidad
de saber separar nuestra mierda
nos otorga cierto estatus,
nos da derecho a opinar.

Desde el jardín oímos
infantes ajenos que juegan en el parque
mientras sus madres
cierran filas
delimitando el perímetro
de libertad vigilada.

El tobogán los vomita
en una arcada
constante y ondulada,
uno a uno van cayendo
sobre el suelo acolchado
que evita marcas y lesiones.
En el columpio
cinturón de seguridad,
las bicicletas con ruedines.

Una cinta rojiblanca
rodea el arenero
precintado por los gatos.
Amenaza de toxoplasmosis.
Foco controlado.

Pienso en Vietnam,
el coronel Kilgore y el napalm.
—¿Quieres *surfear, soldado?*
—*Sí, señor.*
—*Bien. Porque puedes surfear o pelear.*

Batallas sin cicatrices.
No dejará secuelas esta infancia.

Quinta do Funchal

«… desflorar
con todo el barro de la vida lo
que aún no ha vivido».

Leopoldo María Panero

Cacarean las gallinas
de madrugada
y el gallo canta bronco
al mediodía.

No se cierran
puertas ni ventanas.

En la cocina masculla
socarrón el extractor
sobre guisos secretos
que cuecen con calma.
Todo con calma...
Con calma tus pasos calmados,
a tientas entre las sombras
de mis perezas.

Rebosan las aguas fecales,
llamemos a alguien
que sepa de tuberías.
Llamemos a alguien
que entienda de plantas
antes de que el porche devore la parra.

No llames a nadie.

Se moja la leña a la intemperie,
arderá el hollín con el primer destello
—no llames a nadie—.
Llamemos a alguien
que entienda de fuego.
Corramos las cortinas
que entre la luz.
Airea la ropa.
Huele a pienso tu voz.

Cada mañana
nos damos al amor
y nos hacemos los buenos días.
Hablamos durante las comidas.

Por las noches en el cuarto
canciones de cuna,
atrapasueños,
—me abrazas—
mandíbula que parte
férulas de descarga,
un *riff* desajustado
—barres, sacudes, rechazas—,
tirón en el gemelo,
puños cerrados,
guitarras que pulen el llanto
—olvidas, aprietas, apagas— ,
pezones erectos,
ancas en ascuas.

Me metes dentro de tu universo
—vitrina empañada,
guijarros—.
Me tiras al suelo.

Se nutre de pasto segado
mi alado Ícaro sin dientes
rumiando su venganza al sol.
Úlceras
en los brazos, retaguardia,
doloroso mapa
de ampollas,
relicario de osadía castigada.

Metimos la pata
por sacar del tiesto el corazón.

Espanto

El tronco acuchillado
del árbol maltratado a machetazos
rezuma resina
bajo la corteza arrancada
que deja ver una fila de hormigas
trepando en procesión.

Las raíces resquebrajan
el cemento del patio,
las cepas ensombrecen
y tupe el follaje
un canalón oxidado.

El neumático
que balancea una calma tenebrosa
pendiente de una soga
que tortura una rama
—desollada y desangrada,
que resignada ya no se queja—
espera que vuelvan los viejos.
Los viejos que miran desde la ventana
cómo fumigan la hierba,
el tejado, el árbol,
la rueda, el cemento…
con los ojos llenos de
tiempo, con las manos
esterilizadas, la ropa
apestando a lejía,
restando días, sumando noches,

amortajados en sus pijamas,
edificando refugios con sábanas,
corriendo por el pasillo,
temblando bajo la cama.

Los viejos pálidos como fantasmas.
los niños fantasmas.
Espectros que miran
cómo fumigan
por las ventanas.

SANTUARIOS…

… DOMÉSTICOS

Hype

Para no llegar tarde a ningún sitio
adelanté todos los relojes de la casa,
pero se me fue la mano
y ahora estoy perdido en el espacio,
flotando y esperando.

Regular

Regular el termostato
de la calefacción,
regular la tele;
contraste, brillo, color.
Regular el volumen
del tocadiscos
por culpa de los vecinos.
Regular el dial de la radio,
la temperatura del horno.
Regular el ritmo, el compás,
regular el timbre y la intensidad.
—Reglamentar, reglar, normalizar, regularizar,
organizar, legalizar…—.
Regular el ejercicio
acompañado de una dieta regular,
regular el intestino
y las visitas al baño,
regular los pasos para evitar
un *sorpasso* por sorpresa
al organismo
que nos dificulte respirar.
—Para ser mediocre, mediano, corriente, intermedio,
aceptable, pasable, normal, común,
ordinario, usual, metódico, uniforme, moderado…—.
Regular los días, las horas de trabajo,
los escasos descansos.
Regular las relaciones,
los sentimientos,
los latidos del corazón.

Regular la cadencia de nuestros jadeos,
regular el deseo.
Regular los besos,
las caricias.
Regular la bebida,
el tabaco y las ganas de follar
—sabiendo que todo esto sería regularmente excepcional—.

«10/6»

«¿Por qué siempre eres demasiado bajo o demasiado alto?».

El sombrerero. *Alicia en el país de las maravilla*

—Nunca he sido el tipo de hombre
que usa sombrero—.

Nadas desnuda de madrugada
en la piscina cubierta del hotel.
Una luna rojiza a la fuga
te mira de reojo
por la claraboya
y su luz salpica tu espalda
como Onán manchando la tierra
a los pies de Tamar.

—Siempre he querido ser
el tipo de hombre que usa sombrero—.

Espero en la habitación
recolectando el néctar
amargo de los pliegues de plástico,
rebañando los restos del calendario,
resoplando,
desvariando sobre el espejo empañado,
dibujando en el aire con la mano
el confuso itinerario
si quiero regresar
—sí, quiero regresar—.

¿Quiero regresar?
Dibujando en el aire con la mano
una estrella de cinco puntas
—asiento con la cabeza,
niego con la dentadura,
crotora un carné sobre la mesa,
llaman a la puerta—.
Me sale cerveza por la nariz,
no era el itinerario.
Entras envuelta
en un albornoz blanco mal atado
que se te abre hasta la ingle al caminar,
la cabeza enroscada en una toalla.
Sin mirarme te vas a la cama.
Has dejado regado todo el camino de vuelta
con pequeños charcos
(como el idiota de Pulgarcito desperdiciando el chusco
que se comen los pájaros).
Claro, el agua en el pasillo se seca rápido.
Mala idea si quieres regresar.
Sí, quieres regresar.
¿Quieres regresar?

—Creo que soy el tipo de hombre
que perdería un sombrero
en cada ciudad—.

Caja de resistencia

«… Y al final se sintió desnuda y falsa».

Chimamanda Ngozi Adichie

Sentada, reposada,
más bien tumbada.
Engullida por el brasero.
Te rascas las canillas
arropada con la mantilla hasta el cuello.
—Pregabalina, benzodiacepina—.
Arde el mapa en tu cabeza.
Prendes fuego a todas las fronteras.
Rizas el rizo permanente
de las mechas que enciendes
en el quicio de otro domingo vaciado,
despoblado,
cementerio de automóviles
que alberga amantes emigrantes
censados solo por si acaso.

Desde el pasillo te silban las suelas
de huellas resecas,
de tacones pegados
jueves, viernes, sábado…

Arde el mundo entre tus piernas,
avivas soplando la pira
que circunda y circuncida

falanges homicidas
guarecidas entre larvas de gusanos
ensimismados,
estériles,
que lloran y adoran
pellejos entre harapos.
Líquido rayo que estalla
contra el fango
formado entre diestra y siniestra,
salpicando la cresta
de una ola sin mar
que anega estas horas
de furia.

Aporrean la puerta
un millón de muertos:
amantes, padres, hermanos, maridos
—hombres, prohombres, protohombres, semihombres—,
cabestros que embisten contra la madera
clavando quejas, reproches,
ruegos y órdenes
que preceden siempre
a falos deformes fauces voraces colmillos afilados
lenguas bífidas protráctiles porosas...
que lamen y cubren
tu estampa formando un aura
de saliva venenosa
que inmoviliza tu cuerpo
y derrite tu cerebro.

Recibes los golpes
como se recibe el correo desde el frente;
con esa esperanza asustada
de que en el buzón
hoy tampoco haya
nada.

Tempus fugit

«Hay un poco de magia en todo
y luego algo de pérdida para compensar».

Lou Reed. *Magic and Loss*

Se cubre de polvo la fila inmóvil
junto al palacio dinamitado.
Subo y bajo del pararrayos
a la toma de tierra
como una rata
que corre entre cascajos
sin que nadie la vea.

Siento y siento
los principios fundamentales
de este alzamiento.

Cala el licor el mantel de flores.
Tu falda cae al suelo.
Envolvemos con tus bragas
fanales, bujías
que forman revuelo.
Salto y me agacho.
Chispean los pomos
de las puertas apiladas
en el camión de la chatarra.

Hacemos cola
como herederos prorrateando las migajas.
Retomamos maniobras
de distracción
(viejas celadas)
para borrar el trazo
proyectado en estas horas
que se acaban.

Mi cara desencajada
se pega a tu cara.

Hemos perdido el único comodín
de la baraja.

Piccadilly circus

Caminas de mi brazo
y me siento el hombre más interesante del mundo.

Suena música.
Alfombra roja para los sueños
que seamos capaces de compartir.

(La lluvia en la nariz fumamos la vida se va masticas
despacio hago el payaso se dan la vuelta los paraguas
sujetas un vaso de cartón flechas que flotan)

Las frases brotan con un desparpajo
temible e incierto, soez e inconstante.
La risa se hace cada vez más estridente
y menos molesta.
El vino baila.
Va y viene la botella.
El vino baila, la música sigue.
El vino resbala.
Resbala por nuestros labios
morados y tiernos
como los de un reciente cadáver.
Emborrona nuestras ropas
dibujando archipiélagos de sangre.

Salpica el piso,
corre insolente
y trepa por los tejados.
Todo se enrojece.

Revienta un cielo violáceo
sobre nuestras cabezas
y la risa se hace aún más fuerte.

Tus ojos me juran,
yo lo sé,
que este no puede ser tu primer beso.
Ese (tú lo sabes) no será
para mí el primero.

Un millón de hormigas pellizcan mi corazón.
Camino de tu brazo y
—estoy seguro—
soy el hombre más interesante del mundo,
no importa cuánta gente camine alrededor.

Gentrificación

«Ahora soy un creyente,
ni rastro de duda en mi mente».

THE MONKEES. *I'm a Believer*

Suena un disparo.
Alguien piensa
que algo cobra sentido.
A veces hay sangre, otras veces no.
Siempre hay miedo.

Nunca miran a los ojos.
No existe la hora
el minuto
el segundo…

Cuando disparan
sienten que pueden crear.
El asesinato es un placer
del que pocos pueden disfrutar,
un arte
del que pocos pueden presumir.

Disparar o recibir un disparo
es lo que diferencia al siervo del dios,
al genio del hombre.
Disparan,
se ven capaces de crear...
Nada es tan real. Tan reparador.

Cuando disparan siempre hay miedo.
Y el miedo reflejado en los ojos
es la única grandeza de sus víctimas.

Asintomático

Bajo la escalera hay un hueco pequeño
donde siempre
vuelvo a esconderme,
dejo que pasen los días revueltos,
me aíslo apurado, incompleto,
escuchando tus pies.
Tus pies
que suben y bajan deprisa,
retruenan,
se deslizan.

El papel tapiz
de las paredes,
corrompido por la humedad,
se rasga sobre un zócalo verde
que filtra residuos,
lastima el sino
de mi aislamiento.
Juguetes rotos
arañando sacos de rafia
desde dentro.
Bolígrafos mordidos, lápices roídos,
libros llenos de polvo
en baldas de aglomerado.
Libros que se abren,
se cierran deprisa,
retruenan,
se deslizan.

Bajo la escalera
hay un hueco pequeño
donde la humedad
me engulle por los pies.

Mate del loco

Titular indiscutible
para los minutos de la basura.
—salto a la cancha—.
Me embucha tu reloj
de arena mojada,
de grava movediza.
Estúpido entupido en cuello de vidrio.
Sacrificio de dama.
El idilio de mis canas y tus arrugas,
jaque a la descubierta.
Resbala una idea enfangada
sobre la leche derramada
en la encimera de Silestone.
Vuelan las migas del mantel.
Que me quieres, dice la cafetera
con un chillido negro y aromático.
Que te quiero, pienso
—y me callo—.
Chupando una cucharilla
amarga que se me escurre
al abismo del fregadero.
Chillido (o cuchillo)
aromático y negro
sobre nosotros,
entre dos cuervos.

SANTUARIOS...

... DEL TEMPLO

«¿Acaso no saben que su cuerpo es templo del Espíritu Santo, quien está en ustedes y al que han recibido de parte de Dios? Ustedes no son sus propios dueños; fueron comprados por un precio. Por tanto, honren con su cuerpo a Dios».

1 Corintios 6, 19-20

Templo

Mi cuerpo suda, sangra, luce cicatrices, heridas, arañazos.
Mi cuerpo tiene huellas profundas, marcas someras.
Mi cuerpo NO es un templo sagrado.
Es refugio, es casa,
es carretera transitada en ambas direcciones,
es área de servicio, es región superpoblada.
A veces desértico suplicio.
Mi cuerpo es gozo propio
y colectivo.
Mi cuerpo tiene nombres, pelos, moratones.
Mi cuerpo pares y a veces nones.
Mi cuerpo sabe de otros cuerpos, de otros olores.
Mi cuerpo culos, barrigas, hombros y pechos,
ingles, testículos, músculos mi cuerpo.
Mi cuerpo de escroto arrugado.
Mi cuerpo terso y erecto,
pliegues carnosos,
Poros y granos, *squirting* mi cuerpo.
Violable e inviolable según mi momento.
Mío, tuyo, suyo, nuestro.
Comunal, asociativo,
conmutativo, pluscuamperfecto.
Pretérito, pertérrito,
futuro irregular y descompuesto.
Sádico, esporádico y tierno.
Cocina sucia, aceite y grasa.
Baño público, contenedor lleno.
Maldito, profano mi cuerpo.
NO, no es un templo.

(Tú) Mi cuerpo.
(Yo) Ni quiero.

ANATEMA

Epifanía

Escribo tu nombre en la luna
de un coche.
Perdona, no sé
dibujar corazones.
Me salen culos siempre
que lo intento.
Clarea, vuelvo a casa.
Delante de mí
dos adolescentes
en un alarde de elasticidad
dan patadas a los
retrovisores.
Espasmo y sustancia.
Animales pequeños.
Culos
o corazones.
Tu nombre a patadas.
Llueven retrovisores.

ÍNDICE

*Este libro se terminó de editar en Granada
en enero de 2025 por*

www.aversopoesia.com
hola@aversopoesia.com